NOTES

SUR LA COLONISATION DU SAHEL

ET DE LA MITIDJA.

NOTES

SUR LA COLONISATION

DU SAHEL ET DE LA MITIDJA,

PAR

UN COLON PROPRIÉTAIRE.

MARSEILLE,

IMPRIMERIE DE MARIUS OLIVE, RUE PARADIS, 47.

1842.

NOTES

SUR LA

COLONISATION

DU SAHEL ET DE LA MITIDJA.

Le sol de la Mitidja est une alluvion de l'Atlas et du Sahel. Le fond est argileux. Dans quelques localités, il y a jusqu'à quatre mètres de terre végétale; je ne doute pas qu'il n'y en ait davantage dans beaucoup de parties.

L'alluvion de l'Atlas ayant été plus

puissante que celle du Sahel, la portion la plus basse se trouve très rapprochée de cette dernière partie. C'est dans cette ligne que devraient être établis les canaux de dessèchement.

Le fond de la plaine étant argileux et la pente du terrain assez considérable (de 120 à 180 mètres du pied de l'Atlas à la partie joignant la pente du Sahel), l'eau qui descend de la montagne s'infiltre dans les terres, et a, dans quelques endroits, jailli à la surface en petites sources inaperçues, ce qui a formé les marais de Soukali, de Haousch-Chaousch, de la Ferme-Modèle, etc. Avec très peu de dépense on ferait écouler les eaux et le dessèchement serait complet dans ces localités.

Sur d'autres points, on a pris pour des marais des flaques d'eau formées par les canaux d'irrigation de quelques propriétés cultivées. Cette eau, qui se jette ensuite dans les terres inférieures, où elle n'est point utilisée faute de culture, fait périr des myriades d'insectes, et s'exhale l'été en vapeurs délétères.

Pour arriver à une colonisation prompte et fructueuse, il faut des bras et des capitaux.

Pour attirer les bras, il faut créer de nombreux villages dont les terres soient concédées gratuitement par l'Etat, sous des conditions de travail dans un temps déterminé. Il faudra aussi, quelquefois, surtout pour les familles nombreuses, donner la ration de vivres pendant un an ou deux, mais en ayant soin, toutefois, d'éviter tout encouragement à la paresse.

Pour faire affluer les capitaux, il faut donner de la confiance aux capitalistes. A cet effet, il faudrait commencer par modifier un arrêté qui dispose implicitement que, dans certains cas, *celui qui aura prêté* 50,000 *fr., pourra perdre son gage à la suite d'une expropriation, et ne recevoir en indemnité que moitié de son capital.*

Il ne faut jamais perdre de vue que la petite propriété prête son surplus de bras à la grande, pour recevoir en échanges, en prix de journées, le capital dont elle manque souvent pour atteindre le moment de la récolte. C'est ce qui fait la fortune de la France; partout où l'équilibre s'est rompu, le malaise est arrivé.

L'obstacle de Koleah à Belida est une bonne pensée; il coupe la plaine dans toute sa largeur, et garantit la portion occupée par les Européens contre le maraudage des Hadjoutes.

L'autre ligne est vicieuse; elle a été décidée par des personnes qui n'avaient certainement étudié le pays que sur les cartes. Cette ligne ne renferme pas d'eau, sinon celle des puits qu'on pourra y établir, les quelques ruisseaux descendant du Sahel et les sources formant les marais de Soukali, Haousch-Chaousch, etc. Ce qui prouve que, de tout temps, cette partie de la plaine a été considérée comme la moins propre à la culture, c'est qu'on n'y rencontre que très peu d'arbres et pas une seule ferme debout.

Si l'on avait fait une seconde ligne partant de la Maison-Carrée et allant directement à l'Arba (c'est-à-dire même tracé que la route existante), on aurait, *sans plus de dépense*, renfermé, en sus, plus de vingt lieues carrées de très bonnes terres arrosables par l'Aratch, dix-huit fermes bâties, en partie défrichées et plantées de magnifiques arbres fruitiers et autres. Par exemple, il existe sur ma ferme de Serkadji un olivier dont le tronc a cinq mètres de circonférence, des caroubiers de trois mètres, des mûriers et des trembles de deux mètres et des orangers d'un mètre, ce qui est assurément le meilleur indice de la bonne qualité des terres. L'existence de ces arbres rend la température beaucoup plus douce; elle offre un abri aux hommes et aux animaux, et lorsqu'on se trouve sur les lieux, il est impossible de ne pas oublier qu'on est en Afrique.

Dans la plus grande partie de l'enceinte actuelle, au contraire (Mitidja), je défie de tenir des hommes pendant toute une campagne, sans que les trois quarts ne tombent malades ou ne meurent, parce qu'ils seront trop exposés au vent du Sud.

Il est vrai que, dans les fermes sus-indiquées, on a eu aussi beaucoup de malades, mais cela tenait à des causes très appréciables et auxquelles , par conséquent, on pourrait facilement remédier. La première et la plus flagrante, c'est l'abus de l'irrigation ; la seconde , c'est l'intempérance et les excès de boissons. J'ai déjà indiqué les effets de la première cause : quant à la seconde , je dois dire que, dans ce pays, il ne faut pas se nourrir comme dans les contrées du Nord. Il est de fait que les Mahonais et les Maltais, gens sobres, ne buvant guère que de l'eau et mangeant peu de viande, résistent bien mieux que les Alsaciens et les Allemands qui mangent beaucoup et boivent souvent avec excès.

Une autre cause de maladie consistait aussi dans la manière dont les colons étaient logés. Le propriétaire se réservait ordinairement la partie supérieure de l'habitation et logeait ses gens au rez-de-chaussée; beaucoup de ces malheureux, après avoir bien soupé en rentrant du travail, se trouvaient souvent en sueur au moment de la digestion ; ils sortaient et allaient dormir en plein air, malgré la défense du maître, et à onze heures ou minuit ils étaient saisis par la rosée, si abondante et si froide en Afrique, qu'elle ressemble presque aux pluies de neige fondue que nous remarquons dans les hivers de France ; une gastrite ou une gastro-intérite était, presque toujours, le résultat de cette imprudence. Enfin, les vapeurs du matin, auxquelles les hommes se trouvaient exposés avant le lever du soleil étaient encore une nouvelle cause de maladie,

La première chose que je ferai en revenant à ma ferme, sera de faire élever d'un étage tous les bâtimens et de réserver absolument le rez-de-chaussée pour le bétail. Je ne doute pas que tout propriétaire sensé ne s'empresse d'imiter mon exemple.

La seconde ligne dont j'ai parlé, s'opposerait aux irruptions des Arabes de l'Est. Il faudrait alors élever près de l'ancien camp de l'Arba un fort qui commanderait la gorge conduisant à Hamza. Il faudrait construire un autre fort dans la gorge de l'Aratch, et ainsi de même partout où il y a un passage connu. Mais ces forts domineraient la plaine; partant, les garnisons y seraient sainement placées; on s'y abreuverait au moyen de puits ou de citernes, quand on n'y trouverait pas de sources.

Tout le long de l'Atlas il faudrait établir une ligne de villages correspondant entr'eux par une bonne route. Ces villages domineraient également la plaine et les habitants pourraient voir de chez eux tout ce qui s'y passerait. Dans chaque village, il y aurait une brigade de gendarmerie et une église avec clocher. Le curé aurait un lot de terre; chaque gendarme marié en aurait autant. Tout-habitant qui aurait un cheval de guerre serait armé et recevrait une subvention comme les gendarmes maures pour l'entretien du cheval; en cas d'alerte, il serait à la disposition du commandant de la brigade. Les habitants des villages de l'Atlas recevraient, pendant un certain temps, une légère indemnité en nature à cause de leur éloignement des marchés.

Indépendamment de la route reliant les villages de l'Atlas, depuis l'Arba jusqu'à Blidah, chacun d'eux serait relié au Sahel par autant de routes de deuxième ou de troisième classe. Chaque clocher aurait son télégraphe de jour et de nuit, pour faire les signaux convenus.

Plus tard, lorsque la population européenne augmenterait, on formerait de nouveaux villages en se rapprochant du Sahel.

Deux routes de première classe traverseraient diagonalement la plaine en formant le chevalet; l'une allant de la Maison–Carrée à Blidah, l'autre de Koleah à l'Arba.

Tout cela bien établi, on mettrait les propriétaires de grandes fermes en demeure de faire cultiver, dans un délai donné, passé lequel ils seraient imposés. Cet impôt serait destiné à accorder des primes à ceux qui auraient fait les plus belles plantations et les cultures les plus considérables. Il est bien entendu, qu'en cas de création de nouveaux villages, et lorsque les terres domaniales ne suffiraient pas, les propriétaires en retard seraient dépossédés de préférence, et sans qu'il leur fût tenu compte de l'augmentation de valeur causée par le voisinage des colons actifs.

On comprendra aisément que, le pays coupé par de nombreuses routes et les terres ainsi divisées, l'Arabe, obligé de passer dans les chemins où il sera facile de le traquer, ne s'y exposera que rarement; d'où il suit que le maraudage sera fort peu à craindre.

Jusqu'à ce que les travaux d'écoulement des eaux et l'exécution de nombreuses cultures aient donné la salubrité, on veillerait à ce que les habitants des villages ne descendent, l'été, dans la plaine, qu'après sept ou huit heures du matin et qu'ils soient rentrés avant sept heures du soir. En agissant ainsi et en faisant observer, d'ailleurs, les précautions indiquées pour le logement et la nourriture, on aura beaucoup moins de fièvres.

L'olivier est ici à l'état forestier; c'est dire que des greffes et des plantations bien entendues donneront d'immenses produits. Le mûrier réussit admirablement bien. Voilà donc deux sources fécondes de richesses qui ont surtout l'avantage de ne point faire concurrence à la métropole. Enfin, l'éducation du bétail, rendue facile par la sécurité, donnera aussi de bons produits. Les laines de ce pays sont généralement fort belles, et l'on pourra, avec des soins bien dirigés, arriver au mérinos pur.

Je ne parle pas des haras; c'est une question éclaircie depuis longtemps.

Que l'on se garde bien, surtout, de permettre l'établissement des Arabes dans nos lignes réservées. La plupart des propriétaires s'entendraient bien avec les indigènes, mais les populations jamais. Il y a dans l'esprit des masses européennes une idée très fausse sur le sens du mot *conquête*; elles voudront, en toute occasion, faire sentir leur supériorité sur les indigènes; j'en ai vu de nombreuses preuves sur ma ferme. Je m'attachais à être bon et affable avec les Arabes, mais mon plus mince ouvrier européen était pour eux un tyran, menaçant toujours et frappant trop souvent. Beaucoup d'assassinats de la part des Arabes n'ont pas eu d'autre cause que celle-là. Pendant dix-huit mois, j'ai traversé la plaine plus de trente fois, sans autre compagnon que mon cheval, et jamais je n'ai eu besoin d'armer mon fusil; loin de là, je ne pouvais passer près d'une tribu sans qu'on ne vînt m'offrir du laitage ou des fruits. Un de mes fermiers, au contraire, faillit quatre fois d'être assassiné. Un maçon fut tué, en revenant du camp de l'Aratch, par un Arabe que je lui avais donné pour manœuvre et qu'il avait menacé du bâton quelques jours auparavant.

On établit en ce moment les villages de salut; les emplacements ont été choisis aussi bien que possible sous la direction éclairée de M. le comte Guyot. Les concessionnaires se louent beaucoup de la bonté avec laquelle ils sont accueillis, et de la sollicitude qu'on apporte à s'informer de leurs besoins et de leurs ressources. Que l'on continue à marcher dans cette voie pendant quelques années, et l'on sera surpris des résultats obtenus.

Je me résume en disant qu'il faut faire un échiquier de la plaine, en la coupant de nombreuses routes, et qu'il ne faut placer les centres de colonisation que sur les hauteurs, jusqu'à ce qu'une exubérance de population force à déborder ces limites pour se rapprocher du milieu de la plaine.

Alger, le 5 mars 1842.

SABATAULT.